반달의 시간

박태순 시집

시와
사람

반달의 시간

2024년 11월 10일 인쇄
2024년 11월 15일 발행

지은이 박태순

펴낸이 강경호 편집장 강나루 디자인 정찬애
펴낸곳 도서출판 시와사람
등록 1994년 6월 10일 제 05-01-0155호
주소 광주시 동구 양림로 119번길 21-1(학동)
전화 (062)224-5319 E-mail jcapoet@hanmail.net

ISBN 978-89-5665-745-5 03810

공급처 ■ 한국출판협동조합
경기도 파주시 탄현면 오금로 30
주문전화 (02)716- 5616, 070- 7119- 1740

· 잘못된 책은 구입하신 서점에서 바꾸어 드립니다.
＊이 책은 전라남도, (재)전라남도문화재단의 후원을 받아 발간되었습니다.

이 도서의 국립중앙도서관 출판예정도서목록(CIP)은
서지정보유통지원시스템 홈페이지(http://seoji.nl.go.kr)와
국가자료종합목록 구축시스템(http://kolis-net.nl.go.kr)에서
이용할 수 있습니다.

반달의 시간

© 박태순, 2024

저작권에 의해 보호를 받는 저작물이므로
출판사와 저자의 허락 없이 무단 전재와 복제를 금합니다.

시인의 말

언젠가는
무너질 줄 알면서도
산다는 것은 잔모래로 성을 쌓는 일

성이 무너지고
모래가 쓸려나가자
우주처럼 크고 넓은 그리움이 남았다

반달의 시간 _ 차례

시인의 말 · 6

1부

16　마법을 그리다
17　이별로 서성거린다
18　동거
19　반달의 시간
20　사랑의 흔적
21　나의 힘
22　풍류만에 서서
23　그곳의 시
24　바다에 빈집을 짓고
25　슬픔의 구근
26　피아골
28　사랑은 나팔꽃 같다
30　청춘역
31　어제와 내일처럼
32　안개 너머
33　눈발이 되어
34　채석강

2부

톱머리 해수욕장   36
연애편지   38
겸허의 시간에   39
하늘에   40
나이테   41
하늘 구름은 소리 없이 흐르고   42
가을엔   43
나는   44
당신을 기다립니다   46
바람이 부는 대로   48
어제   50
탄도 1   51
탄도 2   52
한밤중에   53
비파 열매   54

3부

58 붉어지다
59 뜬금없이 생각나면
60 눈 감고 간다
61 내 나이
62 에말이오
63 채석강
64 일몰
65 무안에서
66 가을 해후
68 묵 다방
69 시
70 가을 고독
72 사랑
73 노을
74 서른게
75 짱돌의 전설
76 그리움에 젖어

4부

시인 78
사랑 79
가버린 사람 80
섬을 바라보며 81
가을 촉매 82
가을은 84
가을 85
엄마의 바다 86
낙조머리에 앉아 88
단맛 89
그곳 90
늘 그렇게 91
그때는 몰랐다 92
운조루 93
덕유산 94
그물 96
낭만 항구 97

| 평설 |

98 남도 서정의 줄기를 잇는 맑고 담백한 시적 감각 |
강대선

반달의 시간

제1부

마법을 그리다

마법처럼 고깃배가 출렁거리고 있는
항구, 등대가 불씨를 품는다

먼 추억이 뚜벅뚜벅 걸어와
실금이 간 내 가슴으로 스며 들어온다

내 유년이 자랐던 땅에서 고구마, 양파가 올라온다
익숙한 동네와 길을 밝히던 등

불빛 아래 시간을 더듬는다
화폭 위의 꿈들은 모두 어디로 갔을까

나는 따스하게 안겨 오는 나를 사랑한다
유년의 젖줄이 드리운 고향에서 수수꽃이 웃는다

바람처럼 맴돌던 유년이
한 폭의 그림으로
불빛을 머금은 나의 젖줄, 현경면

이별로 서성거린다

정원 옆에 핀
장미 한 그루의 붉음
서럽다고 느꼈을까
슬픔은 가시로 돋아나도
목마름을 채울 수는 없다
이른 이별이 싫어 하늘 끝머리로 오른다
그리운 얼굴이
가슴 한 켠에 햇살을 나르고
저녁엔 바람으로 들어온다
그를 함께 살아온 긴 생애가 몇십 초처럼 느껴지는 시간
사랑이 허락한다면
눈 감은 내 사랑
오로지 마음에 담고 싶다
생애를 바쳐 여기까지 왔건만
이별은 마른 풀처럼 슬프고
나는 교회당 종소리를 들으며
시름으로 그림자를
늘어뜨린다.

동거

대만동에서 쫓겨난 복실이 강아지를 게이트장에서 만났다

게이트장에서 만났으니 너의 이름은 게이트

오늘부터 나는 너와 동거를 약속한다

내 발걸음 소리를 듣고 문 앞에서 기다리는 게이트

너를 보면 외로움도 미소로 변하는 샘물

보드라운 너의 털에 내 가슴은 온기로운 전율이 인다

말하지 않아도 통하는 게이트

생을 마감하는 날까지 시름없는 날이기를

네가 꼬리를 흔들면 내 안에서 웃음의 불씨가 일어난다

반달의 시간

칠순을 넘긴 나이

절망이 뼛속 깊이 스며들었던 젊음이 있었다

가슴 깊이 가둬 놓았던 슬픔도 있었다

무거워서 가라앉고 싶었던 시간도 있었다

이제야 알았다

채워지지 않은 반달의 시간이 지금의 나를 만들었다는 것을

돌아갈 길도 없는 텅 빈 가슴의 시간을 지나

지금 여기에 와 보니

절망마저 그립다

그때가 청춘이었다

사랑의 흔적

사랑의 흔적은 사랑일 뿐
감춘다고 감춰지는 것은 사랑의 머리카락일 뿐
사랑은 지워지지 않은 자국
사랑으로 사랑은 존재의 영역이다
단순한 것 같지만
어려운 일
사랑은 지우는 게 아니라
더 큰 사랑으로 보태는 일

나의 힘

산다는 것은 잔모래로 성을 쌓는 일

희망과 절망의 포말은 숨 가쁜 세월의 수평선

성장과 고뇌가 반복되는 나의 삶이었다

닳아지고 문드러지는 가슴이 나의 힘

삶의 무게에 눌려 허우적거릴 때에도

나의 영혼은 대답하리

덧없이 흘러버린 세월에 울지만은 않으리

나의 꿈은 영혼의 외침

희망으로 오는 내일로 답하리

길고 긴 여정의 줄 놓지 않고 사랑으로 달려가리

풍류만에 서서

그곳엔 그림자로 남은 미련이 있지

서재를 꾸며 후배를 양성하고 글을 쓰고 싶다고 하셨지

앞이 훤히 트인 철새들의 놀이터 풍류 해수욕장

잔잔한 파도에 은사님의 음성이 실려온다

끝내 이루지 못한 청 메아리

애달픈 미완성으로 남은 푸른 음성

뻘 내음 그리워 오시는가

노을빛 붉게 타오르는 풍류만에 서면

파도 소리가 박명의 서녘으로 기울고

무심한 세월은 여운으로 드리워져 있다

그곳의 시

나에게는 고단한 시들이 남아 있다

어미 품에 잠기듯 촉촉해진 그리움을 말리고 싶은 곳

끊임없이 나의 불온을 다독이는 시의 온기

어리석음이 굴하지 않는 시와 산다

그곳에 가면 달콤한 향기보다는 연민으로 만난

사랑이 상처 입은 종다리처럼 지저귄다

내 손을 끌며 보고 싶었다고 가슴을 열어 보인다

맨 처음 서러움을 가르쳐 준 시

그곳엔 짠 내 머금은 눈물이 모여 산다

바다에 빈집을 짓고

저 바다에 빈집을 짓고 싶다

너울빛 추억을 초대해 방 한 칸 세놓고 싶다

저 바다 끝까지 눈이 내리면

상처 입은 추억을 위해 약탕기를 끓이고 싶다

그리움은 언제나 말이 없고

바다는 상처를 둘러 섬을 짓는다

나의 영혼은 다시 오지 않는 시간을 노래하고

칠십이라는 나이에 안식을 찾는다

바다에 빈집을 짓고

꽃 한 송이 시로 물들이며 산다

슬픔의 구근

캄캄한 밤,
약속이나 한 듯 손가락 움직임에도
슬픔의 구근이 돋아났다

당신을 보낸 나는 가난한 그리움을 지녔다

평생 거절이란 단어를 몰랐던 사람

당신이 없는 지금도
안개 너머 햇살이 오고 있다는 사실을 안다

죽음의 순간,
서로의 슬픔을 마주했다

어느 곳에서도
당신 같은 사람 없을 거야, 찾을 수도 없을 거야

온 세상이 그립구나

슬픔을 눈물로 풀어놓고
붉은 석양 같은 당신을 그리워한다

피아골

노고단 아랫동네 골짜기 밑 당산나무

숲을 가로지르는 스산한 바람을 만난다

그 옛날, 피죽으로 물들었던 동네가 보인다

노고단까지 걸어가며 껄떡 숨이 막혀 헉헉거린다

피아골에 이르니 속바지 가랑이가 서늘한 바람에 막혔던 숨통이 터지고

핏빛이었던 계곡도 맑은 물이 흐른다

그 옛날 청년은 늙은이가 되어 피아골에 발을 담근다

십 년이면 강산도 변한다는데

칠십 년이 지난 노고단 피아골은

조용하다 못해 무서운 적막을 드리운다

〉
골짜기에서 긴 울음소리가 세월을 원망하는 듯

불덩이로 서녘을 물들인다

사랑은 나팔꽃 같다

나팔꽃이 손으로 허공을 감는다

막대로 솜사탕 감듯이

허공에 달콤함이 녹아 있을까

핸드폰에서

까꿍까꿍, 꺄르르르

딸과 손자가 달콤하게 서로를 감는다

사랑이 익어 가는 소리

달을 보며 그리움을 감는다

그리움에 취했는지

읊조리는 그 사람

달콤함에도 쓴맛이 섞여 있다

핸드폰에서 연신

감아올리는 사랑

손을 흔들어 그리움을 감는다

청춘역

철길로는 더 이상 갈 수 없는 역이 있다

이별의 역, 눈물의 역

못 견디게 보고 싶으면 그냥 몸을 싣고 떠났던 기차는 이제 오지 않는다

고아가 된 기분으로 역광장으로 나와보니 유달산

일등 바위가 눈에 잡힌다

멀리서 뱃고동 소리

구슬프게 그리운 이름들을 토해낸다

목포역에 앉아 더 이상 갈 수 없는 청춘의 역을 떠올린다

닳고 찢어진 상처로 이루어진 역

종착역은 말이 없다.

어제와 내일처럼

어제는 오늘 오늘이 내일 내일이 어제가 되는

꿈 같은 순간들이 있다

어제의 말이 나를 흔들고 내일이 익숙하게 오늘이 된

마트료시카의 인형들

가슴에 박힌 그리움도

멍 자국도 오늘, 혹은 내일의 궤도를 돌고 있다

수많은 어제가 부서지고

오늘의 꿈이 골목을 돌아나간다

기다림은 망부석이 되어

오늘도 자리를 지킨다

어제와 내일처럼

안개 너머

동행할 수 없는 길에 서 있어요
이제 알았어요,
임종이 도착하신 걸
행여나 길 잃고 헤매지는 않나 싶어
저무는 어스름에 눈물 흘려요
엄마의 자리를
엄마가 되고 알았어요
낯선 먼 길은 박명일까요
안개 너머
엄마 가신 길 알려주시면
머리 풀고 찾아갈게요
손가락 걸고
다시 만난다는 약속
잊지는 않으셨겠죠
어둠에 등불 하나 밝혀요
미혹도 회오도 없이
엄마 사랑해요

눈발이 되어

철이 늦게 들어
엄마의 소중함을 몰랐지만
먼 길을 가시는 지금
생각하니
그 모든 시간이 아름다운 울림
평생 기억하겠어요
가시밭 세월을 건너시던 맨발
때론 상처가 덧나 피가 흐르던 자리
잊지 않겠어요
이젠 괜찮아요
가시에 찔린 당신의 발을 보고
찾아갈게요
새하얀 눈발이 되어
펄펄 날리는 그리움이 되어
당신을 찾아갈게요

채석강

파도 소리에

누워 있는 수천수만 권의 책이 울음을 토한다

울음은 크고도 넓어 바다가 된다

내 안에 쌓인 수천수만 권의 그리움도 울음을 토한다

채석강은 황혼을 부르며 울고

바다는 말이 없다

속울음이 일파만파一波萬波로 퍼진다

제2부

톱머리 해수욕장

소나무 숲 사이로
몸을 눕는
일몰

꽃물이 바다에 스며든다

가장 높은 곳에서 가장 낮은 곳으로 드리우는 환호와 탄성

톱머리 바닷가,
어둠이
바다를 입으면

병풍처럼 바람을 막아주던 그 사람

시 한 줄 남기고 바다로 갔다

고동과 게가
시어로 깔려
숨 쉬는 안식처

〉
꽃물결 스며든 어둠으로
가로등 불빛이
깃발처럼 서 있다

연애편지

남은 건 사랑뿐이다
세월이 써 내려간 나는 한 장의 연애편지
살아온 날이
나의 사랑이었다
기쁜 날보다 슬픈 날이 많았지만
사랑일 뿐이다
이별이 없었다면
그리움을 모를 것이다
헐겁고도 넉넉한
사랑을 모를 것이다
사랑일 뿐이다
채워도 채워도 부족한
사랑만 남았다
길고 긴,
끝나지 않은
연애편지를 읽고 있다

겸허의 시간에

왜 겸허한 시간에 쓸쓸함이 오는지 알 수 없습니다

왜 허무의 바람이 스며드는지도 알 수 없습니다

그리워할 시간은 그리 많지 않은데 목이 마릅니다

당신 얼굴을 잊어버린 줄 알았는데

되돌아 몰아치는 바람이 당신의 얼굴을 몰고 옵니다

시린 가슴은 떠나보낸 당신으로 인해

우두커니 목포항에 서 있습니다

바람은 무심히 떠나면서 내 눈물을 가져가고 있습니다

하늘에

만상이 허공입니다

구름이 만들어낸 수많은 형상을 다 읽어낼 수는 없지만

당신의 얼굴을 알아보았습니다

텅 빈 하늘인 줄 알았는데

당신이 가득 담겨 있습니다

나이테

이마에 가야금줄이 더 늘었습니다

언제쯤 연주를 할 수 있을까요

하고 싶은 말 쌓이고 쌓여 있는데

시름이라도 노래로 불러볼까요

자책도 선택도 꿈도 이마에 남은 나이테였나 봅니다

인생길이었나 봅니다

괜찮다 괜찮다 하며

나이테의 마지막을 두르고 있습니다

부끄러움도 안타까움도 다 나의 몫이었습니다

고비 너머

가야금 연주가 들려옵니다

하늘 구름은 소리 없이 흐르고

흐트러진 내 마음, 전봇대에 걸려 어지럽다

훌훌 벗어던지고 정처 없이 떠나고 싶은데

수평선에 걸려 있다

구름은 어디로 가고 싶어 비를 뿌리며 우는가

정신을 놓고 취하고 싶은데

고통스럽고 마음 아팠던 연분은 안개처럼 뿌옇고

무성했던 욕망들이 비처럼 쏟아져 내린다

장맛비에 외로움을 실어

머언 그리움으로 울고 싶다

가을엔

어디로든 떠나지 마라

그리움을 품은 가을 나 혼자 두고

너무 깊어져 가지 마라

먼저 떠난 발자국 따라 떠나가지 마라

홀로 걷기엔 너무 쓸쓸한 길

너무 아프지는 마라

아무도 없는 가을에는

그대 떠나지 마라

나는

 누가 멈추라고 한 적도 없는데 나는 왜 여기에 멈춰 있는가

 한 번의 멈춤도 없이 앞을 향해 걸어온 길

 길은 끝없이 이어질 줄 알았는데 나는 왜 여기에 멈춰 있는가

 그렇게 자신만만했던 육신도 걸림돌에 걸려 있고

 신호를 무시하고 달려온 욕심도 여기에 멈춰 있다

 녹슬어가는 쇳덩이처럼 부실한 몸으로

 무디어가는 기억을 붙들고 여기에 서 있다

 아파도 아픈 줄 모르고 걸어온 미련한 마음아

 이 나이에 돌아서기엔 너무 늦은 길에

서러운 목숨 타들어 가는 육신을 보듬고 석양을 바라본다

내가 나를 사랑한 만큼 나아갈 것이다

멈추고 나서야 나와 내 그림자가 보인다

당신을 기다립니다

낙지 초무침을 먹고 입가심하자며 커피숍으로 갔다

정문에 걸린 '당신을 기다립니다'

나도 모르게 나를 기다리는 집이 있었구나

가슴이 찡하다

나도 모르게 나를 사랑했던 사람

나도 모르게 나를 기다려 준 사람

나도 모르게 나를 위해 기도해 준 사람

내 생애 최고의 순간을 만난 것처럼

나도 누군가를 기다려주고 싶다

사랑하고 싶다

기도하고 싶다

기다리는 마음은 사무치는 마음

커피 한 잔을 마시며
곱씹어 보는 말

'당신을 기다립니다'

바람이 부는 대로

바람이 부는 대로 헐거워진 삶을 맡긴다

정처 없이 멈추지 못하고 종점을 향해 흐른다

존재란 소멸하는 운명

왔다가 흘러갈 뿐

요양원에서 바라본 구름의 이야기

자식들 잘 키워 성공하였으나

어느 자식도 나 하나 모셔 갈 자식 없으니

구름처럼 바람에 몸 맡기는 요양원

이처럼 고마운 곳이 또 있을까

움직이지 않는 몸뚱이도 구름으로 흘러간다

바람이 불면 부는 대로

그날을 기다릴 뿐이다.

어제

색동저고리, 붉은 치마에 가슴 설레던 날이 어제 같지

삼 남매 재롱에 눈곱 뗄 시간도 없이 지나간 세월도 어제 같지

어느새 훌쩍, 둥지 만들어 떠나 보낸 날도 어제 같고

절룩거리는 뒷모습에 한숨 짓는 날도 어제 같지

거울에 비쳤던, 화려한 공작 같은 내 모습도 어제

하얀 머리카락을 염색하던 일도 어제

새벽에 일어나 지나간 일들을

어제의 일처럼 넘기며 추억하지

탄도 1

조금나루 바로 앞 작은 섬
섬 주위에 숲이 많이 있어 탄도
섬으로 들어가는 길
화강암 데크길을 따라 둘레길을 걷는다
소라와 고동이 지나가는 길손을 맞이한다
걷다가 만나는, 모래 위 파도 소리가
흘러간 유행가처럼 들린다
여의주라 불리는
야광주라는 작은 섬이 보이고
저 멀리, 흑룡이 날아오른다

탄도 2

탄도로 가고 싶었지
뻘을 가로질러 뱃길 따라
부푼 꿈을 품고
숯처럼 구워진 바위를 지나
탄도로 가고 싶었지
햇살과 바람도 검은빛으로 환한 탄도
일주도로를 따라
반겨주는 진달래 산벚꽃 만나고 싶었지
사방을 돌아보면
푸른 파도 소리
적막을 깨뜨리고
꿈은 실바람을 타고 날아가지
데크로 오가는 섬 둘레길
오가는 사람들은
밀물과 썰물처럼
빠져나가고 들어오지
탄도는 채석강을 탁본한 듯
층층이 검게 돌로
두른 섬
고구마 구워 주시던
어머니 같은 섬

한밤중에

그리움이 뒤척이며 발아한다

꿈결 깊은 곳에서 혁명이라도 일으킨 듯

머릿속을 하얗게 헤집어 놓는다

일어나 우두커니 앉아 보지만

너를 그리는 일이 부질없는 일인가 싶어 시름에 잠긴다

덧없는 생각이 안개꽃처럼 피어난다

수없는 자맥질에 허망의 거품이 날린다

그리워하는 일은 아름다운 번뇌

새벽이 발아한다

비파 열매

황금빛 열매가
포도송이처럼 알알이 달렸지요
등불을 밝히는 듯
유배지에서 자라난 희망 같은
비파 열매
몇 해 전,
비파 열매 혼자 먹지 말고
같이 먹자고 하셨지요
선생님,
한 아름 따 온
비파 열매 보셨는지요
해마다 그리워하실까 봐,
두원면 고택 모서리에 비파나무를 심었습니다
너희들 기다리며
속살 뜯어 먹고 있다고 하시겠지요
올해, 비파가 열렸대요
솔 향기보다 비파 향이 좋다시던
그 말씀
귀에 생생한데
선생님은 아니 계시고

비파 향기만
가슴에 사무칩니다

제3부

붉어지다

누구나 한 번은 눈물이 씨앗이었던 적 있다

눈물이 터져 줄기를 세우고 무성한 성공의 잎들을 매단 적 있다

떠난 사랑 때문에 눈시울이 붉어져도

다시 꽃피울 날이 오고 있다

물결로 일렁이다 저녁으로 넘어가는 노을 속에

너라는 씨앗을 묻어 두고 싶다

봄이면 붉은 잎을 단 꽃들이 피어날 것이다

산천에 피어난 꽃들을 보며 눈물이 붉어진 적 있다

뜬금없이 생각나면

뜬금없이 생각나면 그 사람을 뜯어 먹었다

그리우면 그립다고 뜯어 먹고

생각하면 생각난다고 뜯어 먹었다

밀물이 오면 밀물로 뜯어 먹고

썰물로 빠지면 썰물로 뜯어 먹었다

그래도 여운이 남으면 그 여운마저 뜯어 먹었다

그 사람을 뜯어 먹으며 여기까지 왔다

시간을 뜯어 먹으며

그 사람과 함께 여기까지 왔다

눈 감고 간다

가야 할 길

멀고 멀기만 한데

굽이굽이 굽어진 길로 바람은 불고

미혹이 멍든 가슴으로 스밀 때

눈을 감는다

갔던 길 다시 짚으며

기억을 더듬거리며

사랑에게로 간다

내 나이

삶을 사랑하지 않고는 여기까지 올 수 없었네

가던 길 돌아보니 미움도 가득했네

삶을 사랑했기에 미움도 많았겠네

노년의 나이에 미움으로 절룩거린 세월을 돌아보네

보람은 어디로 가고 후회만 남아 있네

무엇을 붙잡고 무엇을 놓을 것인가

흘러간 것은 흘러간 대로 사랑이었네

먼 길을 에돌아간 것도 미움 아닌 사랑이었네

에말이오

 -에말이오

종착역 목포역은 국도 1호선 시발지
유달산 위로 외줄 타고 건너는 케이블카가 있다면서요
여행객이 낙지 골목과 홍어 파는 곳을 묻는다

 -에말이오는 어찌 알았을까
 -에말이오, 친구가 목포 사람이에요

길게 누운 고아도는 목포대교를 입에 물고 뱃고동 소리 품어낸다
먼바다에서 달려온 바람과 파도가 에말이오
길을 막고 사랑을 물어온다

 -에말이오, 여기는 목포

섬들 사이로 우뚝 솟아 있는 등대가 멋스럽고
뱃고동 소리 따라 갈매기가 나는 곳

 -에말이오, 고맙소잉

채석강

해돋이 저녁노을 모두 불을 켜면

파도가 책갈피 넘기며 첩첩이 기록된 사연을 읽는다

태고로부터 이어진 노래가 보태고 보태져

켜켜이 쌓인 책들

내 눈동자를 붉게 물들인다

일몰

소나무 숲 사이로 어둠이 몸을 누이자

꽃물 번졌던 바다는 수평선 너머 별들을 불러온다

가로등은 기도로 깊어져

낮은 곳으로 빛을 드리운다

경건과 고요가 마을에 붉게 번진다

무안에서

뺨 위에 홍옥처럼 무안은 바람도 붉다

어디서 뿌리를 내리든지 붉은 무안의 사람들

기억조차 버거운 아버지의 고향

황토에 묻어 두었던 그리움을 꺼낸다

아버지의 숨결이 훅, 나를 껴안는다

내 뿌리가 붉어진다

가을 해후

어느 가을은 고독하지 않았지

누군가를 만나고 싶다는 생각도 들지 않았지

할 말은 많았지만 웃기만 했지

고독이 나를 에워싸고 휘감아도 고독하지 않았지

당신을 생각하면

생각을 하면

혼자 갇혀 있다는 생각이 들지 않았지

가을이 시름 깊지 않았지

떠나고 싶은 마음도 떠나보냈지

나뭇잎이 떨어져도 나는 봄이었지

당신을 생각하면

생각을 하면

묵 다방

오거리 묵 다방

문을 열고 들어서면 뿌연 담배 연기에 앞이 흐리다

삼삼오오 테이블을 차지하고

삶의 일기를 쓴다

못다 한 이야기로 아쉬운 숨결 남겨두고

추억은 한 줄기 연기로 오른다

달걀노른자 띄운 이천오백 원 커피 한 잔 마시며

의자에 어깨를 기댄다

추억을 더듬어 하루를 마감하는

정년 퇴직자의 얼굴이

서녘으로 저문다

시

왠지 서러운 마음이 들 때
펜을 들고
하늘을 떠도는 구름의 문장을 써 내려간다

삶을 불태운 노을의 고향으로 가서 시가 되고 싶다

돌이킬 수 없는 숱한 미련들

그리워할수록 서러워지는 시어들

시가 되고 싶은 날에
시 한 줄을 노을로 푼다

가을 고독

가을 고독을 좋아했던 사람

낙엽 밟으러 가자고 나를 재촉했지

그리운 사람은 그리운 사람이 그립지

종합운동장 앞 은행잎과 낙엽을 밟으며 걸었지

고독은 낙엽으로 뒹굴고

나는 그 사람 그림자를 쓸쓸한 낙엽처럼 밟았지

즐거웠던 시절은 그리움을 부르지

그 사람이 떠난 가을은 쓸쓸하고

그리움은 발에 밟혀 눈물로 흐르지

커피 한잔하자고 말하지 못했지

가을은 깊어가는데

그 사람은 가을로 깊어가는데

사랑

미워도 밉지 않다, 하시지만

지루해도 지루하지 않다, 하시지만

미우면 밉다, 하고

그리우면 그립다, 말할래요

바보처럼 수줍게 고개 숙이지 않을래요

쿵쿵 뛰는 이 심장 소리

감추지 않을래요

감출 수 없는 이 마음

당신 앞에 단풍처럼 펼쳐 놓을래요

노을

긴 문장으로 붉다

내 울음도

내 그리움도 저리 붉었으면 좋겠다

아픈 만큼 더 아프게 붉어지면 어둠이 되겠지

해무에 덮인 고아도에서 용머리가 붉어진다

붉은 바람 소리가 절벽 사이를 헤집고

답이 없는 바다에서 붉은 그리움을 토해낸다

무너져 내리는 가슴도 붉다

붉다 못해 검어지는 그리움아

내 마지막도

저리 붉은 울음이면 좋겠다

서른게

뻘 위로 노을이 드리우면
수평선은 갯내를 뭍으로 밀어냅니다

항구는 동백하 생새우, 서른게, 자연산 돌굴, 먹갈치, 풀치,
참조기, 병어, 고시삼을 파느라 북적입니다

어머니가 즐기셨던 서른게를 한 차대기 사옵니다

흰 쌀밥에 올려놓고
지근지근 씹어 먹던 서른게

당신은 말없이 웃으시고
나는 오도독 추억을 씹어봅니다

짱돌의 전설

불 꺼진 창 앞에 서성거리는 그 사내

이제는 뜨거운 열정도 타서 재가 됐을 법한데

그 사내, 꺼지지 않은 불처럼 백발이 되어서도

그녀가 떠나간 불 꺼진 창문 앞을 찾아옵니다

밤마다 찾아와 소주 한 병 놓고 목놓아 우는 그 사내

별들도 측은한 마음이 들어 사내의 어깨에 내려앉습니다

그렇게 슬픔으로 단단해진 사내는

짱돌이 되어 창문을 깨뜨렸습니다

마침내 그녀의 불 꺼진 방에 들어간 것입니다

그리움에 젖어

그리움은 얼마나 멀리에서 오는 것일까

나는 밤마다 그리움에 젖어 촉촉해진다

그리움은 꽃을 피워도 향기는 머물지 않고

봄이 찾아와도 나는 마른 낙엽으로 뒹군다

어쩌다 꿈에 찾아오시면

한번 안아드리고 싶어도

스치고 지나가는 꿈결의 내 어머니

눈물에 젖어 밤을 새운다

제4부

시인

햇볕에 조각난 소나무 그림자를 깁습니다

상처 입은 그림자가 하나의 실로 꿰매집니다

시간이 지나면서 그림자가 아물어

상처였는지도 모르게 됩니다

울고 있는 누군가의 조각난 울음을 깁습니다

울음이 위로의 실로 꿰매집니다

시간이 지나면서 아름다운 詩로 자라나

울음이 웃음이 되는 일

시 한 줄의 의미를 새겨봅니다

사랑

사랑은 바다
어느 날부터 내 안으로 들어와
물결이 되고 파도가 되는 운명
나는 바다를 조용히 끌어안고 입 맞춘다.

가버린 사람

가끔은 배고픔보다 서럽다

헤어지면 그립다는 말을 믿지 않았는데

해일처럼 밀려오는 그리움

피어오르고 안개처럼 올라오는 마음

폭풍도 두렵지 않던 때가 있었다

하늘로 올라간 당신을

터널처럼 긴 그리움으로 불러본다

섬을 바라보며

물 위에 무얼 그릴까

정직한 마음을 사랑으로 그리고 싶다

평생 올곧게 살아온 마음을 아름답게 수놓고 싶다

일흔 겹의 나이에

또 하나의 물결을 기도하며 그린다

정직하게 뿌리내리는

섬이 되고 싶다

가을 촉매

가을은 그리움의 촉매

그때 그 가을을 불러온다

표현하지 못했던 순간들을 불러온다

가슴은 남은 외로움과 그리움까지

미처 나누지 못한 가을 이야기까지

끝나지 않은 그때를 불러온다

가을 바람과 낙엽 쌓인 거리를 거닐며

외로움에 흔들리던 시간도 불러온다

이젠 모두 버렸다고 생각했던 마지막 남아 있던 기억마저도

쓸쓸한 가을로 불러온다

〉
깃마저 지워진 가을을

안녕을 고한 그리움까지도

내 쓸쓸한 영혼으로 불러온다

가을은

가을은 가장 아래로 겸허해지는 일로 성숙해져 간다

내가 왜 여기에 와 있었는지 나를 한번 안아볼 일이다

얼마나 멀리 왔는지 얼마나 더 멀리 갈지 생각해 볼 일이다

가슴 벅찬 사랑도 추억으로 지워져 가지만

가장 큰 아픔을 사랑으로 주신 한 분을 간직해 볼 일이다

가을

아무 이유도 없이 한 사람이 좋다

가을 하늘처럼 맑고 깨끗해서 좋다

힘들 때면 내 등을 다독여주던 사람

가을처럼 깊은 눈을 가진 사람

천국을 보고 싶으면 그 사람 눈을 보았던

내 인생의 여정에 늘 함께 하고 싶었던 사람

가을 단풍처럼

가슴에 얼굴을 묻고

사랑에 물들고 싶었던

그 한 사람

엄마의 바다

엄마의 눈에는 눈 크기의 바다가 있지

출렁이는 파도가 남몰래 고여 있지

묵묵히 슬픔을 삭이며 출렁이던 엄마의 바다

엄마가 눈물을 흘리시면

나는 바다가 넘치고 있다고 생각했지

그 마음 다 알 수 있을까마는

그 사랑만큼은 바다보다 넓으셨지

이제는 그 바다를 찾을 수가 없네

바다에 뛰어들어 헤엄치고 싶지만

엄마는 바다와 함께 머언 곳으로 가셨네

엄마의 바다가

언젠가부터 내 눈으로 들어와

출렁이고 있네

낙조머리에 앉아

하늘이 눈물을 뿌릴 때가 있다

기일忌日이 다가오면

그리움이 증류蒸溜된다

낙조머리에 앉아 마음을 달래본다

바다도

눈두덩이가 붉어져 있다

단맛

예쁘다고 느낄 때 단맛이 돈다

만나면 하고픈 말이 많을 것 같은데

기억이 낯설 때

설탕을 치고 싶다

좋아한다는 말조차 망설일 때 단맛으로

가슴을 두드린다

얼굴 붉히듯 단맛

심장이 달달하게 뛰고 있다

무르익은 영혼은 단맛이 돈다

그곳

빨리 오라고 손짓한다

미지의 그곳으로 상행선 기차 타고 오라고 한다

나는 두렵다고 말하지만

그곳에 가면 순수했던 시간을 잃어버릴까 주저하지만

빨리 오라고 손짓한다

아직 영혼의 온기가 남아 있을 때

오라고 나를 재촉한다

늘 그렇게

사라져간 날들을 생각합니다

잊히면 잊히는 대로 만남도 이별도 지나가겠지만

늘 그렇게 삶 속에 있습니다

고독에서 벗어나지 못하고 밀려가지만

늘 그렇게 머무르는 것들이 있습니다

황홀했던 기억과 그리움도 어디선가 풀리겠지만

고독의 자리에서 지난 것들을 아쉬워합니다

말하지 못했던 길목에서 당신을 기다립니다

잊히면 잊히는 대로 당신을 사랑하겠습니다

그때는 몰랐다

꿈틀거린다
눈가에 촉촉한 뭔가가 꿈틀거린다
맺혀 흐르는
그 뭔가가 나를 뜨겁게 한다
따뜻했던 사람
그때는 몰랐다
그리움이 뚝뚝 떨어지면
소매로
그 사람을
하염없이 닦는다

운조루

구름 속,
고택 입구엔 연못이 있고
안채의 부엌 자리는 금귀몰니*金龜沒泥의 명당
오봉산 자락에 흐르는 물 따라
선녀가 금가락지 빼놓고 멱 감던 곳

타인능해*他人能解 뒤주는
독 아래 구멍을 통해
쉴 틈 없이 쌀을 퍼주어
가난한 이들의 끼니를 염려한다

화해의 정신을 심어
부와 빈, 모두 행복하게 살 수 있는 곳
운조루가 만든
삶의 명당이다.

*금귀몰니 : 금거북이 진흙 속에 묻힌 터라는 뜻으로 명당을 일컬음
*타인능해 : 타인도 열게 하여 주위에 굶주린 사람이 없게 하라

덕유산

가을옷으로 갈아 입은 산

주목, 구상나무, 풍광 좋은 향적봉

하늘 아래 구름이 길 내어주고

나는 허공에 매달리듯 곤돌라에

몸을 싣고 길을 오른다

가려진 정상을 바라보며 구름 위에 떠 있다

바위마다 구름이 왕관처럼 씌워져 있고

능선은 바리깡으로 머리를 깎은 듯

상고머리를 하고 있다

바다 건너에서 떠오르는 해를 바라보며

영혼을 빼앗겨 버린 듯

입 벌린 감탄사만 허공에 쏟아놓는다

그물

햇살도 그리움도 그물에 걸려든다

내 마음에 한 번도 떠난 적 없는 그 사람도 걸려든다

그 많던 햇살도 그리움도 그 사람도

하나씩 그물에서 빠져나간다

다 빠져나가고 텅 비었을 것 같은데

바다가 남았다

까마득하게 크고 넓은

우주 같은

그리움이 남았다

낭만 항구

목포 유달산에 올라 손님을 맞이한다

손님은 아침 목포에서 저녁 신의주까지 달린다

해안도로를 따라 남북을 잇는 소망으로 달린다

목포는 달린다

정치도, 경제도, 사랑도 쉼 없이 달린다

홍어 낙지 민어를 싣고

정을 싣고

힘차게 달려간다

| 평설 |

남도 서정의 줄기를 잇는 맑고 담백한 시적 감각
- 박태순 시인의 『반달의 시간』을 읽고

강 대 선
(시인)

  박태순 시인은 첫 시집 『그리움은 거리가 없다』(「천년이 시작」)에서 목포와 바다, 그리고 그 속에 깃든 삶을 시로 구축했다. 남도의 서정에 물든 시인의 시는 색다른 시적 감각과 함께 시적 지평을 보여주고 있다. 바다와 향토를 기반으로 한 시인의 시풍은 스승이었던 송수권 시인이 말했던 대와 황토, 뻘의 정신에서 연유하고 있다. 그럼, 이번 시집에서 시인은 무슨 말을 하고자 하는 것일까. 먼저 인간의 유한성이다. 인간은 영원히 살 수 없다는 사실을 받아들이는 일흔의 나이는 새로운 인식의 문이 열리는 지점이다.

    마법처럼 고깃배가 출렁거리고 있는
    항구, 등대가 불씨를 품는다

〉
먼 추억이 뚜벅뚜벅 걸어와
실금이 간 내 가슴으로 스며 들어온다

내 유년이 자랐던 땅에서 고구마, 양파가 올라온다
익숙한 동네와 길을 밝히던 등

불빛 아래 시간을 더듬는다
화폭 위의 꿈들은 모두 어디로 갔을까

나는 따스하게 안겨 오는 나를 사랑한다
유년의 젖줄이 드리운 고향에서 수수꽃이 웃는다

바람처럼 맴돌던 유년이
한 폭의 그림으로
불빛을 머금은 나의 젖줄, 현경면
　　　　　　　　　　- 「마법을 그리다」 전문

 고향을 그리워하는 일은 마법과 같다. 고향은 늙지도 변질되지도 않은 상태로 기억되기 때문이다. "먼 추억이 뚜벅뚜벅 걸어"오기 때문이다. 유년 시기를 보냈던 고향에서 "고구마, 양파가 올라"오듯이 "익숙한 동네와 길을 밝히던 등"도 따라서 올라온다. 기억이 기억을 물고 오는 곳이 고향이다. 그만큼 많은 이야기를 간직하고 있는 장소이다. 화폭에 그렸던 유년의 "꿈들은 모두 어디로 갔을까". 그 유년은 내 안에 숨쉬고 있다.

그러니 나는 "따스하게 안겨 오는 나를 사랑"하는 것이다. 외롭고 슬플 때 나에게 사랑의 젖줄을 물려주는 곳, 그곳이 바로 시인의 고향, 무안 현경면이다. 이러한 뿌리 의식은 "황토에 묻어 두었던 그리움을 꺼낸다/ 아버지의 숨결이 훅, 나를 껴안는다/ 내 뿌리가 붉어진다"(「무안에서」)와 "일흔 겹의 나이에/ 또 하나의 물결을 기도하며 그린다/ 정직하게 뿌리내리는/ 섬이 되고 싶다"(「섬을 바라보며」)에서 드러난다. 시인의 고향은 시인의 '지금'을 있게 한 원천이며 그리움의 뿌리로 형상화되고 있다.

고향은 뿌리이기도 하면서 시인의 시적 영감이 발현되는 곳이다. 다시 말해 유한의 공간이 무한의 상상으로 확장되는 곳 또한 고향이기 때문이다. 이 고향에서 시인의 시가 생명처럼 태어나고 시인에게 길을 제시한다.

나에게는 고단한 시들이 남아 있다

어미 품에 잠기듯 촉촉해진 그리움을 말리고 싶은 곳

끊임없이 나의 불온을 다독이는 시의 온기

어리석음이 굴하지 않는 시와 산다

그곳에 가면 달콤한 향기보다는 연민으로 만난

〉
사랑이 상처 입은 종다리처럼 지저귄다

내 손을 끌며 보고 싶었다고 가슴을 열어보인다

맨 처음 서러움을 가르쳐 준 시

그곳엔 짠 내 머금은 눈물이 모여 산다
- 「그곳의 시」 전문

시인에게는 아직 "고단한 시들이 남아 있다". '고단한 시'는 무엇이었을까. 고향에서 나고 자라면서 겪었을 좌절과 고통, 그리고 슬픔 또한 "시의 온기"였음을 말하고 있다. 시가 있었기 때문에 "어리 석음에 굴하지 않"고 살아왔다고 고백한다. 고향에는 "사랑이 상처 입은 종다리처럼 지저귀"고 있다. 그 상처가 시의 종자이다. 시인 가슴에 서러움을 심어 준 곳도 고향이며, 그곳에 서러움의 씨가 시로 승화되는 곳도 고향이기 때문이다. 시인의 고향은 그냥 고향이 아닌 끊임없이 "시인의 불온을 다독이는 시의 온기"로 자리하고 있다.

시인은 인생의 좌절과 방황을 지나왔다. 이러한 시간을 성찰하고 돌아보는 시인의 인식을 살펴보자.

칠순을 넘긴 나이

절망이 뼛속 깊이 스며들었던 젊음이 있었다

가슴 깊이 가둬 놓았던 슬픔도 있었다

무거워서 가라앉고 싶었던 시간도 있었다

이제야 알았다

채워지지 않은 반달의 시간이 지금의 나를 만들었다는 것을

돌아갈 길도 없는 텅 빈 가슴의 시간을 지나

지금 여기에 와 보니

절망마저 그립다

그때가 청춘이었다

-「반달의 시간」 전문

시인은 자신의 나이를 먼저 고백한다. "칠순을 넘긴 나이"다. 여기까지 오기 위해서는 "절망이 뼛속 깊이 스며들었던 젊음이 있었다"고 말한다. "가슴 깊이 가둬 놓았던 슬픔"도 있고, "무거워서 가라앉고 싶었

던 시간도 있"다고 말한다. 그 고백 뒤에 오는 깨달음이 "알았다"이다. "채워지지 않은 반달의 시간이 지금의 나를 만들었다"고 한다. 다 채워졌다면 지금의 내가 있었을까. 부족하고 결핍된 나였기에 그 반을 채우기 위해 한 생을 달려왔지 않은가. 그 반이 나를 만들었다는 인식이다. 그리고 지금에 도달해서 바라보니 젊음 시절에 맛보았던 "절망마저 그립다" 왜 그런가. 그 절망이 희망으로 이끌었기 때문이다. 반달의 시간이 지금을 있게 했다. 인생에서 벗어날 수 없는 것이 고통과 좌절의 시간이다. 고통과 좌절 없이 기쁨과 보람은 주어지지 않기 때문이다. 시인의 겪었던 절망과 슬픔은 "캄캄한 밤,/ 약속이나 한 듯 손가락 움직임에도/ 슬픔의 구근이 돋아났다// 당신을 보낸 나는 가난한 그리움을 지녔다"(「슬픔의 구근」)에서도 드러나고 "고아가 된 기분으로 역광장으로 나와보니 유달산/일등 바위가 눈에 잡힌다/ 멀리서 뱃고동 소리/ 구슬프게 그리운 이름들을 토해낸다"(「청춘역」)에서도 잘 형상화 되어 있다.

일흔이 넘은 나이에 느끼는 생의 유한성과 삶의 과정에서 맛보았던 좌절과 고통을 통과하며 새롭게 지금을 살아가는 시인의 힘은 어디에서 오는가. 내일 세상이 끝나면 무엇을 하겠느냐고 묻자 사과나무를 심겠다고 말한 스피노자처럼 시인은 삶의 자세를 '오늘'에 집중하는 '충실'이라고 말한다.

산다는 것은 잔모래로 성을 쌓는 일

희망과 절망의 포말은 숨 가쁜 세월의 수평선

성장과 고뇌가 반복되는 나의 삶이었다

닳아지고 문드러지는 가슴이 나의 힘

삶의 무게에 눌려 허우적거릴 때에도

나의 영혼은 대답하리

덧없이 흘러버린 세월에 울지만은 않으리

나의 꿈은 영혼의 외침

희망으로 오는 내일로 답하리

길고 긴 여정의 줄 놓지 않고 사랑으로 달려가리
- 「나의 힘」 전문

 시인은 "산다는 것은 잔모래로 성을 쌓는 일"이라고 말한다. 모래로 쌓은 성은 "성장과 고뇌가 반복되는" 삶이다. 그런에 시인은 역설적이게도 "닳아지고 문드러지는 가슴이 나의 힘"이라고 이야기한다. 고통과 좌절의 시간이 역설적이게도 희망으로 나아가게 하는 힘이 된다. 시인은 "덧없이 흘러버린 세월에 울지만은 않"겠다고 대답한다. 시인의 이러한 언술은 좌절과 허무에 무릎 꿇지 않겠다는 의지의 표상이다. 헤밍웨이 「노인과 바다」에 나오는 '인간은 죽을 수는 있지만 패배하지는 않아'라는 문구를 생각하게 한다. 패배하지 않은 오늘을 "희망으로 오는 내일로 답하"는 시인의 여정은 사랑이다. "길고 긴 여정의 줄 놓지 않고 사랑으로 달려가리"란 표현을 통해 시인은 지금껏 그래왔듯 앞으로 가야 할 여정도 '사랑'이라고 말한다. 이러한 시인의 자세는 사랑하는 것들을 향한 그리움으로 드러난다.

> 동행할 수 없는 길에 서 있어요
> 이제 알았어요,
> 임종이 도착하신 걸
> 행여나 길 잃고 헤매지는 않나 싶어
> 저무는 해어스름에 눈물 흘려요
> 엄마의 자리를
> 엄마가 되고 알았어요
> 낯선 먼 길은 박명일까요
> 안개 너머
> 엄마 가신 길 알려주시면
> 머리 풀고 찾아갈게요
> 손가락 걸고
> 다시 만난다는 약속
> 잊지는 않으셨겠죠

어둠에 등불 하나 밝혀요
미혹도 회오도 없이
엄마 사랑해요

- 「안개 너머」 전문

시인이 말하는 '오늘을 살아가게 하는 힘'은 사랑이다. 사랑의 대상을 그리워하는 일도 사랑의 다른 표현이다. 시인은 "동행할 수 없는 길에 서 있"다는 사실을 알고 있다. '임종'이라는 단어를 통해 죽음의 이미지를 가져온다. 그러면서 사랑하는 어머니의 마지막 가시는 길을 염려한다. "행여나 길 잃고 헤매지는 않나 싶어/ 저무는 해어스름에 눈물 흘"리고 있는 시인의 모습이 형상화 되어 있다. 그러면서 고백한다. "엄마의 자리를/ 엄마가 되고 알았"다고 한다. 경험하지 않고는 알 수 없는 것이 있다. 엄마의 자리가 그렇다. 사랑하는 엄마를 다시 만나고 싶어 "손가락 걸고 다시 만난다는 약속"을 잊지 말라고 한다. 미혹도 회오도 없는 사랑이 담겨 있다.

이러한 그리움의 서정은 "가시에 찔린 당신의 발을 보고 / 찾아갈게요/ 새하얀 눈발이 되어/ 펄펄 날리는 그리움이 되어/ 당신을 찾아갈게요"(「눈발이 되어」)에서도 나타나고 "이별이 없었다면/ 그리움을 모를 것이다/ 헐겁고도 넉넉한/ 사랑을 모를 것이다/ 사랑일 뿐이다/ 채워도 채워도 부족한/ 사랑만 남았다"(「연애편지」)에서도 짙게 나타난다. 시집에 그리움을 노래한 시편들이 많은 이유도 시인의 그리움이 그만큼 강하다는 의미가 된다. "텅 빈 하늘인 줄 알았는데/ 당신이 가득 담겨 있습니다"(「하늘에」)을 통해서는 새로운 인식이 열려 있다. 인생이 텅 빈 허무인 줄 알았는데 그 허무에 '당신'이 가득 담겨 있는 것이다. 사랑은 허무를 채우고도 남는다. 사랑하는 대상을 향한 그리움, 떠나간 사랑에 대한 그리움, 가족에 대한 그리움 등은 앞으로도 시인이 써 내려갈 시의 여정을 가늠하게 한다.

  탄도로 가고 싶었지
  뻘을 가로질러 뱃길 따라
  부푼 꿈을 품고
  숯처럼 구워진 바위를 지나
  탄도로 가고 싶었지
  햇살과 바람도 검은빛으로 환한 탄도
  일주도로 따라
  반겨주는 진달래 산벚꽃 만나고 싶었지
  사방을 돌아보면
  푸른 파도 소리
  적막을 깨뜨리고
  꿈은 실바람을 타고 날아가지
  데크로 오가는 섬 둘레길
  오가는 사람들은 밀물과 썰물처럼
  빠져나가고 들어오지

탄도는 채석강을 탁본한 듯
층층이 검게 돌로
두른 섬
고구마 구워 주시던
어머니 같은 섬

- 「탄도 2」 전문

　탄도는 전라남도 무안군에 있는 섬이다. 1시간 정도 걸으면 섬 일주를 할 수 있는 아주 조그마한 섬이다. 시인은 '숲이 많이 나는 섬'이라 해서 불린 탄도를 거닐며 "일주도로를 따라 반겨주는 진달래 산벚꽃 만나고 싶"다고 말한다. 그러니까 이곳에 온 이유가 누군가를 만나고 싶다는 바람 때문이다. 이곳에서 "실바람 타고 날아가"고 싶다. 시인이 정작 말하고 싶은 말은 마지막에 나와 있다. "고구마 구워 주시던/ 어머니 같은 섬"이 탄도가 지닌 의미다. 추억이 깃든 장소로 그리움이 옮아가는 일은 "미혹이 멍든 가슴으로 스밀 때/ 눈을 감는다/ 갔던 길 다시 짚으며/ 기억을 더듬거리며/ 사랑에게로 간다"(「눈 감고 간다」)에서도 드러나는데 이는 사랑으로 가는 길은 기억을 더듬는 일이라는 사실을 새삼 일깨워준다. "떠나고 싶은 마음도 떠나보냈지/ 나뭇잎이 떨어져도 나는 봄이었지/ 당신을 생각하면/ 생각을 하면"(「가을 해후」)에서도 짙은 그리움이 배어 있다. 이러한 서정의 깊이가 잘 드러나 있는 시 한 편을 더 살펴보자.

하늘이 눈물을 뿌릴 때가 있다

기일忌日이 다가오면

그리움이 증류蒸溜된다

낙조머리에 앉아 마음을 달래본다

바다도

눈두덩이가 붉어져 있다
― 「낙조머리에 앉아」 전문

시인은 해가 떨어지는 낙조머리에 앉아 있다. 기일이 다가오면 그리움이 그만큼 커진다. 시인은 "그리움이 증류蒸溜된다"를 통해 그리움의 깊이를 드러내고 있다. 증류蒸溜는 액체를 가열하여 기체로 만들었다가 그것을 냉각시켜 다시 액체로 만드는 일을 말한다. 그러니 그리움이 한바퀴 돌아 다시 그리움이 되는 일이다. 시인은 이런 표현을 통해 그리움이 돌아 다시 그리움이 심화되고 있는 상황을 나타낸다. 시인의 마음을 바다가 받아 인는다. 시인의 붉은 눈두덩이처럼 낙조의 바다는 "눈두덩이가 붉어져 있다". 이러한 그리움의 연속상에서 "그 마음 다 알 수 있을까마는/ 그 사랑만큼은 바다보다 넓으셨지/ 이제는 그 바다를 찾을 수가 없네/ 바다에 뛰어들어 헤엄치고 싶지만/ 엄마는 바다와 함께 머언 곳으로 가셨네/ 엄마의 바다가/ 언젠가부터 내 눈으로 들어와/ 출렁이고 있네"(「엄마의 바다」)는 엄마에 대한 그리움을 '출렁이다'는 역동성으로 표현해 내고 있다.

첫 시집에서 보여주었던 송수권 시인에 대한 그리움은 다음 시를 통해 드러냈다.

>황금빛 열매가
>포도송이처럼 알알이 달렸지요
>등불을 밝히는 듯
>유배지에서 자라난 희망 같은
>비파 열매
>몇 해 전,
>비파 열매 혼자 먹지 말고
>같이 먹자고 하셨지요
>선생님,
>한 아름 따 온
>비파 열매 보셨는지요
>해마다 그리워하실까 봐,
>두원면 고택 모서리에 비파나무를 심었습니다
>너희들 기다리며
>속살 뜯어 먹고 있다고 하시겠지요
>올해, 비파가 열렸대요
>솔 향기보다 비파 향이 좋다시던
>그 말씀

귀에 생생한데
선생님은 아니 계시고
비파 향기만
가슴에 사무칩니다

- 「비파 열매」 전문

이 시는 "비파 열매 혼자 먹지 말고/ 같이 먹자고" 한 스승의 말을 기억하고 비파 열매를 한 아름 따 오는 마음에서 시작한다. "해마다 그리워하실까 봐,/ 두원면 고택 모서리에 비파나무를 심"는 이유이다. 스승을 만나고 싶은 마음이 '기다리고'를 통해 드러난다. 나도 기다리고 스승도 기다리는 만남. 그 만남이 비파 열매다. 비파 열매를 핑계로 스승과 제자가 만나는 것이다. 그러나 스승은 없고 제자만 남았다. "솔 향기보다 비파 향이 좋다시던/ 그 말씀/ 귀에 생생한데/ 선생님은 아니 계시고 비파향기만/ 가슴에 사무칩니다"를 통해 절절한 그리움을 표현하고 있다.

박태순 시인은 남도의 서정을 감각적인 언어로 색다른 지평을 열고 있다. 좌절과 고통을 극복하는 역설적인 인식은 허무를 이겨내는 사랑으로 승화되고 있으며 사랑하는 사람과 사랑하는 장소, 사랑하는 스승을 그리워하는 서정으로 옮겨 가고 있는 사실을 발견할 수 있다. 앞으로 시인의 그리움은 어디로 옮겨질까, 그 길이 사랑이라는데 의심의 여지가 없을 것이다. 시가 사랑이 아니던가. 시인의 삶이 사랑으로 승화되는 이유는 시인의 가슴이 사랑으로 가득 차 있기 때문일 것이다. 앞으로도 남도 서정의 줄기를 잇는 시인의 시는 반달의 가슴을 채워 내며 밤하늘에서 밝게 빛날 것이다.